LE 2ᵉ BATAILLON DU MONT-BLANC,

LA 19ᵉ DEMI-BRIGADE DE BATAILLE

A L'ARMÉE D'ITALIE

LE BRIGADIER GÉNÉRAL DICHAT

PAR

CÉSAR DUVAL

DÉPUTÉ DE LA HAUTE-SAVOIE

CHAMBÉRY

IMPRIMERIE Vᵉ MÉNARD, RUE JUIVERIE (HOTEL D'ALLINGES)

1897

LE 2ᵉ BATAILLON DU MONT-BLANC,

LA 19ᵉ DEMI-BRIGADE DE BATAILLE

A L'ARMÉE D'ITALIE

LE BRIGADIER-GÉNÉRAL DICHAT

PAR

CÉSAR DUVAL

DÉPUTÉ DE LA HAUTE-SAVOIE

CHAMBÉRY

IMPRIMERIE Vᵉ MÉNARD, RUE JUIVERIE (HÔTEL D'ALLINGES)

—

1897

Le 2e bataillon des Volontaires du Mont-Blanc et la 19e demi-brigade de bataille. — Le brigadier-général Dichat et sa famille. — Combat de San-Michele et bataille de Mondovi (19 et 23 avril 1796). — Mort du brigadier-général Dichat. — La 69e demi-brigade de ligne.

Le 2 mars 1796, le Directoire exécutif de la République française nommait le général Bonaparte commandant en chef de l'armée d'Italie, en remplacement du général Scherer, vainqueur de Loano, dont la démission était acceptée. Le général Bonaparte, qui venait de se signaler dans la journée du 13 vendémiaire, où il avait mitraillé et écrasé les sections royalistes de Paris insurgées, partit aussitôt pour prendre possession de son commandement ; il arriva à Nice le 26 mars, en même temps que son chef d'état-major, Alexandre Berthier.

Bonaparte, qui allait acquérir, pour l'armée d'Italie et pour lui, tant de gloire et de renommée, trouva cette armée réduite à un faible effectif et à peu près dépourvue de tout depuis longtemps. Elle comptait sur le papier environ 116,000 hommes ; mais, au 21 janvier 1796, il n'y

4

avait que 57,478 présents sous les armes. Encore fallait-il défalquer près de 27,000 hommes disséminés le long des côtes de l'ancien comté de Nice et de la Provence, ou tenant garnison dans les villes du midi de la France, pour contenir les partis politiques, toujours prêts à en venir aux mains.

Lorsque Bonaparte prit le commandement, à la fin de mars 1796, l'armée d'Italie, réorganisée conformément à un arrêté du Directoire en date du 8 janvier précédent, se composait de quatre divisions :

1ʳᵉ division d'avant-garde ; général Laharpe	7.799 hommes
2ᵉ division d'avant-garde ; général Meynier	9.157 —
1ʳᵉ division du corps de bataille ; général Augereau.........................	7.597 —
2ᵉ division du corps de bataille ; général Sérurier........................	6.172 —
Total.....	30.725 hommes

Il est vrai que cette armée se composait « de soldats vieillis et aguerris par trois campagnes des plus rudes, et qui représentaient à peine la dixième partie des levées successives faites au cours de la Révolution ; sélection sans exemple, dont le résidu se composait d'hommes exceptionnellement doués physiquement et intellectuellement » (1).

(1) *Krebs et Moris*. Campagnes dans les Alpes pendant la Révolution. Paris, Plon. 1895.

Tous les contingents savoyards au service de la République, c'est-à-dire la Légion allobroge et les cinq bataillons de volontaires nationaux levés et organisés dans le département du Mont-Blanc, en 1792-93, faisaient partie de l'armée d'Italie, au début de la campagne de 1796.

La Légion allobroge, devenue 4ᵉ demi-brigade d'infanterie légère, puis 27ᵉ légère, stationnée à Loano, appartenait à la division Meynier. Le 1ᵉʳ bataillon des volontaires nationaux du Mont-Blanc, incorporé dans la 5ᵉ demi-brigade provisoire d'infanterie de ligne, qui devint la 18ᵉ de ligne, faisait partie de la division Augereau. Le 2ᵉ, incorporé dans la 19ᵉ demi-brigade de bataille, devenue ensuite la 69ᵉ de ligne, appartenait à la division Sérurier. Le 3ᵉ était entré dans la 18ᵉ demi-brigade d'infanterie légère, plus tard 29ᵉ légère, de la division Augereau. Enfin les 4ᵉ et 5ᵉ, versés dans la 15ᵉ demi-brigade provisoire, devenue la 20ᵉ de bataille, puis la 11ᵉ de ligne, faisaient partie de la 4ᵉ division du corps de bataille, général Garnier, qui opérait à la gauche de l'armée d'Italie, vers le col de Tende.

Les volontaires républicains savoyards avaient à combattre l'armée austro-sarde, commandée par le lieutenant-général Colli, dans laquelle figuraient un certain nombre de régiments portant les noms d'anciennes provinces du duché de Savoie; régiments de *Genevois,* de *Chablais* et de *Savoie,* et d'autres corps : régiment des Gardes.

grenadiers royaux, légion légère, légion des campements, où servaient encore des sous-officiers et soldats savoyards, mais surtout, comme officiers, nombre de gentilshommes savoyards restés fidèles au roi de Sardaigne.

Parmi ces derniers nous citerons particulièrement le baron d'Athenaz, le chevalier Dichat, brigadier-général, et le chevalier de Bellegarde, lieutenant-colonel de la légion légère.

Ces officiers étaient originaires de l'ancienne province de Carouge, où avait été organisé le 2ᵉ bataillon des volontaires nationaux du Mont-Blanc, incorporé dans la 19ᵉ demi-brigade de bataille. En 1795, le baron d'Athenaz (1), chargé de la défense des redoutes qui couvraient le front de la position du San-Bernardo, avait repoussé les attaques acharnées de la 19ᵉ demi-brigade et lui avait fait éprouver des pertes sensibles. Mais le but que se proposaient les républicains était atteint quand même : il s'agissait de séparer les deux armées autrichienne et sarde, et de paralyser cette dernière, pendant que Scherer et le gros de l'armée républicaine infligeait aux Autrichiens la sanglante défaite de Loano.

Le chevalier de Bellegarde (2) était le fils cadet

(1) Athenaz, village de la commune d'Avusy, cédée au canton de Genève en 1816. Il faisait partie auparavant de la commune de Viry-Humilly-Avusy, de l'ancien district de Carouge.

(2) Le chevalier de Bellegarde s'était signalé quelques

du marquis de Chaumont et du Vuache. Nous le retrouverons au cours de cette relation. Disons toutefois qu'il se fit remarquer pendant cette campagne par son hostilité déclarée contre son général en chef, le marquis Colli, auquel il ne ménageait pas les critiques les plus acerbes.

Le chevalier Dichat, au contraire, qui fit campagne contre la France de 1792 à 1796, et qui trouva une mort glorieuse à Mondovi, se fit connaître en toutes circonstances comme un des meilleurs et des plus dévoués officiers du roi de Sardaigne. Par une coïncidence singulière, et c'est ce qui a motivé la présente publication, il eut à soutenir en avril 1796 les attaques de la 19e demi-brigade républicaine, et c'est dans la prise d'assaut, par ce corps, de la redoute qu'il défendait, qu'il fut tué d'une-balle au front. Or sa famille avait longtemps habité Saint-Julien ; son oncle, le chanoine Dichat, fut curé de cette paroisse de 1752 à 1767 ; il est fort probable que le chevalier Dichat a fait de nombreux séjours à Saint-Julien et qu'il y commença ses études.

années avant la Révolution par une persécution odieuse contre un malheureux orfèvre de Carouge, qui avait eu l'audace d'exiger, pour une poignée d'épée en argent ciselé, un prix supérieur à celui qu'offrait le jeune seigneur. Emprisonné à deux reprises, cet orfèvre vit son magasin d'orfèvrerie et ses meubles pillés par la troupe en garnison à Carouge, et, complètement ruiné, se réfugia à Ferney, où Voltaire lui donna asile.

Avant de faire le récit des opérations militaires de la 19e demi-brigade contre le corps commandé par le chevalier Dichat, nous allons donner quelques renseignements sur la famille de ce brave soldat.

*
* *

La famille Dichat de Toisinge.

La famille Dichat est originaire du Faucigny.

Charles Dichat, avocat au Sénat de Savoie, était, en 1657, lieutenant juge-mage des bailliages de Ternier et Gaillard, dont le siège était à Saint-Julien.

Il avait épousé Françoise, fille de noble et spectable Galley, conseiller de S. A. le duc de Savoie et juge ordinaire de la baronnie de Ternier. De ce mariage sont nés à Saint-Julien : le 2 juin 1657, *François* ; le 16 avril 1661, *Justin*, le 13 novembre 1662, *Françoise* ; le 28 septembre 1664, *Hippolyte* et le 24 mai 1666, *Anne*.

Antoine Dichat, dont la date de naissance est inconnue (1), épousa à Saint-Julien, le 1er mars 1688, Madeleine fille de spectable Laurent Delaplace, avocat au Sénat de Savoie et juge des appellations de Saint-Victor et Chapitre, juridiction spéciale à certains territoires limitrophes de la République de Genève.

Hiéronyme Dichat fut épousée en 1684 par Prosper Paget, avocat au Sénat et juge du marquisat de Ternier. Marie Dichat se maria le 1er mars 1685 à noble Antoine de Confignon.

En 1716, Antoinette Dichat épousa, toujours à Saint-

_____

(1) Les registres de l'état civil de Saint-Julien ne remontent pas au-delà de 1657 pour les naissances.

Julien, noble Joseph-Antoine Galley, procureur fiscal des bailliages de Ternier et Gaillard.

Enfin en 1715, Pierre Pacthod, avocat au Sénat et juge à Saint-Julien, fils de feu Claude Pacthod, notaire à Saint-Jeoire, épousa Jeanne-Péronne fille de Prosper Paget et de Hiéronyme Dichat.

Melchior Dichat fut, après Charles Dichat, lieutenant du juge-mage des bailliages de Ternier et Gaillard à Saint-Julien. Il fut nommé sénateur le 16 mars 1695 et devint président de Chambre au Sénat de Savoie le 27 novembre 1723.

Le président Melchior Dichat fut, avec le sénateur Viallet de Montbel, le principal auteur ou compilateur du *Recueil de la Pratique de Savoie, dans les matières ecclésiastiques*, ouvrage terminé en 1728 et que le Sénat de Savoie, tout entier, revêtit de son approbation le 5 septembre 1729.

Ce recueil était une espèce de Code des matières politico-religieuses, conçu dans un esprit tout gallican et qui plaçait les ecclésiastiques sous la tutelle de l'Etat. Il déplut aux évêques et au clergé qui en rédigèrent une réfutation sous le titre de : *Réponse où l'on représente ce qu'il faut ajouter et changer à la* PRATIQUE, *pour conserver aux juges ecclésiastiques leur juridiction* (1).

Pierre-Antoine Dichat était, en 1740, juge-mage de la province du Chablais; il avait épousé Rose Ginodi ; il était qualifié de noble et seigneur de Toisinge (2).

Il fut, le 26 avril 1749, nommé sénateur par L. P. de

(1) BURNIER. *Histoire du Sénat de Savoie*, tome II, p. 232-236.

(2) Toisinge, village près de Bonneville.

Charles-Emmanuel III, roi de Sardaigne (1), rentré en possession de la Savoie, occupée pendant environ sept ans par les Espagnols.

En 1755, le gouvernement français, désireux de s'emparer du fameux contrebandier Mandrin, qu'il savait venir fréquemment en Savoie, fit pénétrer dans cette province 500 soldats en garnison au Pont-de Beauvoisin, qui réussirent à s'emparer de Mandrin et de ses compagnons *Saint-Pierre* et *Planche,* dans une dépendance du château de Rochefort. au-dessus de Saint-Genix.

En apprenant cette violation du territoire de ses Etats, le roi de Sardaigne, Charles-Emmanuel III, prescrivit une enquête confiée au sénateur Pierre-Antoine Dichat, que le Sénat chargea en outre d'examiner les dommages causés aux particuliers par l'enlèvement de Mandrin (2) et par les désordres commis par les soldats français à Rochefort, à Avressieux et à Saint-Genix, au cours desquels plusieurs personnes avaient été tuées.

La réparation financière fut fixée à 35,000 livres que la France s'empressa de payer, heureuse de s'en tirer à si bon marché.

Le chanoine Aimé-Marie Dichat de Toisinge fut curé de Saint-Julien de mai 1752 au 29 novembre 1767, époque de sa nomination de préfet de la Sainte-Maison de Thonon et d'abbé commendataire de la royale abbaye d'Abondance.

Le sénateur Pierre-Antoine Dichat eut deux fils.

(1) Archives du Sénat de Savoie. Reg. des Patentes 17, f° 212.

(2) Louis Mandrin, enlevé de Rochefort le 11 mai 1755, fut conduit et jugé à Valence, et roué vif le 26 août de la même année. BURNIER, *loc. cit.* t. II, p. 295-298.

L'aîné, Charles Dichat de Toisinge, exerça, de 1762 à 1782, les fonctions d'avocat-fiscal de la province de Savoie et de substitut avocat-fiscal général. Par lettres patentes datées de Turin le 20 décembre 1782, le roi de Sardaigne le nomma sénateur à Chambéry « comme ayant dans le cours de près de vingt années donné des preuves d'intégrité, de sagesse et d'application dans l'exercice des emplois d'avocat-fiscal de la province de Savoie et de substitut avocat-fiscal général » (1).

Le 24 octobre 1792, Charles Dichat faisait partie du Sénat lorsque ce corps tout entier se rendit à la cathédrale de Chambéry pour se présenter à l'Assemblée nationale des Allobroges et faire hommage au peuple souverain. Le président Giaime « prononce un discours plein de civisme où il manifeste la satisfaction du Sénat pour la *liberté* et *l'égalité* ». Le Sénat prête ensuite serment « de maintenir la liberté et l'égalité du peuple souverain des Allobroges ou de mourir en les défendant ». La salle retentit des applaudissements les plus vifs.

Le Sénat prit, le 22 mars 1793, la résolution de se dissoudre, la municipalité de Chambéry ayant déclaré vouloir s'emparer du local de ses séances pour y installer le tribunal du district. Le sénateur Charles Dichat fut l'un des signataires de cette décision (2).

Jean-Gaspard, le second fils du sénateur Antoine Dichat, naquit à Chambéry le 13 août 1740 et fut baptisé le 22 dans l'église de Saint-Léger avec la permission de R^d Charles Petit, official. Il eut pour parrain son frère Charles tenant pour noble Gaspard Duvergier, baron de

---

(1) Archives du Sénat de Savoie, Reg. des Patentes, f° 72.
(2) BURNIER, *Histoire du Sénat de Savoie*, II, p. 337 à 352.

Saint-Thomas, et pour marraine demoiselle Jeanne de Clermont.

Admis comme cadet dans le régiment des fusiliers le 20 avril 1759, il fut nommé *alfiere* (enseigne ou sous-lieutenant), le 7 mars 1763, dans le même régiment ; puis *alfiere* des Grenadiers le 29 juin 1768, lieutenant le 16 mai 1769, dans le même corps devenu le régiment d'Aoste le 16 septembre 1774 ; capitaine-lieutenant le 20 novembre 1774 ; capitaine le 17 mai 1778 ; capitaine de grenadiers le 24 juin 1786 ; major de bataillon le 5 octobre 1787 ; lieutenant-colonel le 24 juillet 1793, toujours dans le régiment d'Aoste. Le 12 février 1793, le lieutenant-colonel Dichat fut chargé du commandement d'un régiment provisoire de grenadiers royaux, formé avec les 8e et 9e bataillons organisés « pour les exigences de la guerre » avec les compagnies de grenadiers des divers régiments d'infanterie. Il fut promu colonel le 6 janvier 1796 et enfin nommé brigadier d'infanterie (général de brigade) le 26 mars suivant et maintenu à la tête de son régiment de grenadiers royaux, avec lequel il soutint bravement la lutte contre l'armée républicaine.

Les Volontaires du 2ᵉ bataillon du Mont-Blanc. — La 19ᵉ demi-brigade de bataille. — La 69ᵈ demi-brigade de ligne.

Le 2ᵉ bataillon des volontaires nationaux du Mont-Blanc, recruté et organisé dans le district de Carouge (1), avait été destiné à l'armée des Pyrénées-Orientales ; mais il fut requis à son passage à Valence (Drôme) par les représentants du peuple et dirigé avec la Légion allobroge et d'autres corps contre les insurgés fédéralistes du midi de la France. Ce bataillon avait pour chef le lieutenant-colonel Pacthod, qui devint un des meilleurs généraux de la République et de l'Empire, et prit part à toutes les affaires de cette campagne du Midi. On lui avait donné 6 canons servis par 42 artilleurs de la compagnie Dommartin dans laquelle figurait Bonaparte.

Le 2ᵉ bataillon était au nombre des troupes qui firent le siège de Toulon et reprirent

(1) Le district de Carouge comprenait les communes actuelles de l'arrondissement de Saint-Julien (Haute-Savoie), plus les communes cédées à la Suisse en 1816 et moins quelques communes du canton de Seyssel. La 4ᵉ compagnie du 2ᵉ bataillon, dont on trouvera l'effectif, à la suite de cette relation, avait été recrutée à Saint-Julien et dans les environs. On la désignait sous le nom de « compagnie de Saint-Julien ».

cette ville, le 18 décembre 1793. Il éprouva des pertes sensibles pendant les combats de ce siège et à l'assaut de la ville. Compris ensuite dans un corps de 6,000 hommes destiné à la Corse, il fut, par arrêté du Comité de Salut public du 19 ventôse an II, réuni à l'armée d'Italie, laquelle recevait, par le même arrêté, l'ordre de faire le plus promptement possible une expédition « dont l'objet est la prise d'Oneille ».

L'histoire du 2e bataillon, comme de tous les corps de volontaires savoyards pendant la Révolution (1), a été écrite par mon collègue et ami André Folliet, sénateur de la Haute-Savoie, et complétée par une communication qu'il a faite au congrès des Sociétés savoisiennes tenu à Evian en 1896. Ces relations historiques constituent un véritable monument élevé à la gloire de nos concitoyens.

Nous résumerons brièvement, d'après Folliet, les opérations militaires du 2e bataillon pendant les campagnes de 1794-95, en les complétant, pour celle de 1796, par des renseignements puisés dans un ouvrage considérable, consciencieux et fortement documenté : *Campagnes dans les Alpes pendant la Révolution*, par MM. Krebs et Moris, et aussi dans des documents manuscrits des Archives du Ministère de la guerre, à Paris, et enfin

(1) André FOLLIET, *Les Volontaires de la Savoie*, 1792-1799 — Paris, lib. Baudoin, 1887.

en ajoutant l'historique de la 69ᵉ demi-brigade de ligne, ancienne 19ᵉ de bataille, pour les campagnes de 1796-1797.

La 19ᵉ demi-brigade de bataille fut formée le 29 mars 1794, à la Turbie, près de Monaco, par l'amalgame du 1ᵉʳ bataillon du 10ᵉ régiment d'infanterie, ancien régiment de Neustrie, du 2ᵉ bataillon du Mont-Blanc, commandé par Jean-Marie Vindret, de Ville-la-Grand (près Annemasse), qui avait été capitaine des grenadiers du bataillon dès sa formation, et enfin du 3ᵉ bataillon des Basses-Alpes. Le 31 mars, la 19ᵉ fut complétée par le 13ᵉ bataillon de la Drôme, les débris d'un bataillon du Puy-de-Dôme et un bataillon de l'Ardèche.

Le but de l'expédition d'Oneille (Oneglia), ordonné par le Comité du Salut public, était de couper les communications entre les troupes austro-sardes et la flotte anglo-espagnole, et aussi de faciliter l'arrivage des blés et subsistances nécessaires à l'armée et aux populations du Midi de la France en proie à une disette telle que, pendant le siège de Toulon, les représentants du peuple en mission à l'armée, en étaient venus à proposer d'abandonner le pays à l'ennemi (1).

Le 4 avril la 19ᵉ demi-brigade reçut l'ordre de se rendre à Menton où se formaient les colonnes

____

(1) Archives de la Guerre. Lettres de Barras et de Fréron au Comité de Salut public, 1ᵉʳ décembre 1793.

pour l'expédition d'Oneille. Forte de 2,375 hommes, elle fit partie de la division de droite, commandée par le général de division Mouret, ayant sous ses ordres le général de brigade Bruslé, l'adjudant-général chef de brigade Arena, les adjudants-généraux chefs de bataillon Arnoux et Saint-Hilaire et l'ingénieur Woters. Le départ eut lieu le 6 avril. La division Mouret était accompagnée par les représentants du peuple Ricord, Robespierre jeune, Salicetti, et le général d'artillerie Bonaparte.

La 19e se signala dans cette campagne ; elle occupa successivement Oneglia, Pieve, Ponte-di-Nava, Garessio ; et dès le 22 mai resta chargée de la défense de la vallée du Tanaro, sous le commandement du général Laharpe. Au 22 septembre 1794 les Savoyards du 2e bataillon figuraient encore sur les contrôles de la 19e au nombre d'environ 400. Cette demi-brigade prit ses quartiers d'hiver à Oneille, où elle fut décimée par la variole et le typhus.

A la fin de mars 1795, la 19e fit partie de la 2e division de droite, général Sérurier ; à la fin de mai elle ne comptait plus que 1,083 hommes présents sous les armes ; elle avait détaché 259 hommes sur les navires de l'escadre du contre-amiral Martin. Elle se couvrit de gloire dans divers combats de la campagne de 1795. Le brave commandant Vindret fut blessé mortellement en repoussant l'armée piémontaise en avant d'Ormea. Pendant les opérations militaires qui se terminèrent par la victoire de Loano, la 19e s'acharna à l'assaut de deux redoutes qui défendaient la position du San-Bernardo, où les Piémontais, commandés par le baron d'Athenaz, résistèrent vigoureusement.

« Les marches et les combats des campagnes de 1794-95, dit André Folliet, avaient eu lieu sur les sommités glacées des montagnes couvertes d'une neige abondante, et malgré le délabrement de nos volontaires qui passèrent l'hiver sans paye, sans souliers, sans habits et souvent sans vivres » (1). Au commencement de 1796 la situation ne s'était pas améliorée. « Sans solde, sans vivres, sans vêtements, les soldats ne désertaient plus, ils commençaient à piller...... Mais tandis que les austro-sardes n'avaient pas su profiter de leur nombre pour écraser les Républicains, ceux-ci avaient acquis, au cours de ces campagnes, la pleine conscience de leur supériorité morale et militaire sur leurs adversaires. Aguerries et endurcies par les combats et les privations, les troupes de l'armée d'Italie étaient prêtes à renouveler les exploits des légionnaires romains, sous la conduite d'un chef assez audacieux et assez actif pour triompher des obstacles matériels qui les retenaient, depuis deux années, sur les rochers stériles des Alpes et des Apennins » (2).

(1) *Les Volontaires de la Savoie, 1792-1799.*
(2) Krebs et Moris : *Campagnes dans les Alpes pendant la Révolution.*

Ce chef arriva. Ce fut le général Bonaparte qui allait préluder à sa carrière extraordinaire et que son génie devait bientôt mettre hors de pair.

Avant d'entreprendre les hostilités, le nouveau général en chef réorganisa l'armée d'Italie, selon le plan élaboré par le Comité de Salut public et la Convention nationale, rendu exécutoire par l'arrêté du 8 janvier 1796, par lequel le Directoire prescrivait la fusion des nombreux corps d'infanterie, dont l'effectif était très réduit, en demi-brigades de ligne ou d'infanterie légère.

Conformément à cet arrêté, la 19e demi-brigade de bataille fut complétée, le 11 avril 1796, par l'incorporation des 102e, 166e demi-brigades et du 2e bataillon de la 70e. Son effectif fut porté à 3,216 hommes, cantonnés à Pornassio, La Pieve et Garessio. La 19e, toujours comprise dans la division Sérurier, 2e du corps de bataille, passa sous le commandement spécial du général de brigade Guieu.

Le 14 avril 1796 la division Sérurier se mit en mouvement. La 19e demi-brigade opérait sur la rive gauche du Tanaro, et la brigade Fiorella sur la rive droite. Les 6,000 hommes de ces deux brigades repoussèrent rapidement les troupes légères sardes, occupant Bagnasco, se portant le lendemain sur Malpotremo ; la 19e restant sur la rive gauche du Tanaro. Le 17, à la suite de l'évacuation du camp retranché de Ceva par les Piémontais, Sérurier ramène ses forces vers Ceva, que Fiorella occupe pendant la nuit.

Le 19 avril, sur l'ordre de Bonaparte, la division Sérurier doit enlever San-Michele et chercher à couper la ligne de communication des Piémontais avec Mondovi, au moyen des 12 ou 14 escadrons de cavalerie qui avaient rejoint l'armée. Sur la gauche, la 19e demi-brigade, suivie de deux canons, partant de Battiffolio et Scagnello, atteint Montbasiglio vers sept heures du matin, et marche sur les hauteurs comprises entre les vallons de Casotto et de Mongia, en trois colonnes : celle de gauche par les brics delle Toselle et Ciocche, celle du centre, directement sur San-Paolo ; celle de droite, par Ascheri au sud du bric del Moro. Les mille Piémontais, aux ordres du lieutenant-colonel chevalier de Bellegarde, sont en un instant rejetés dans le fond de la vallée de la Corsaglia.

Le général-brigadier Dichat s'avance, avec un bataillon de grenadiers royaux campé en tête du pont de San-Michele, pour permettre à la troupe du chevalier de Bellegarde de passer sur la rive gauche et d'aller prendre position à la chapelle du Buon-Gesù. Il est bientôt obligé de rétrograder lui-même rapidement, par suite de l'entrée en ligne de la brigade Fiorella, arrivant de Lesegno. Sérurier qui en conduit la tête, les grenadiers de la 46e, fond sur le pont, le traverse au pas de charge, s'empare immédiatement de la vieille paroisse, c'est-à-dire du groupe de maisons construites sur un rocher dans la boucle de la Corsaglia, et des deux pièces de canon qui s'y trouvaient; mais il est arrêté par les grenadiers Dichat à l'entrée du bourg, battue par la mitraille d'une pièce de 8. Le combat devenant très violent de ce côté, les grenadiers piémontais de Chiusan, qui étaient campés dans la plaine, entre la chapelle du Buon-Gesù et le ruisseau de Groglio, croient devoir s'y porter.

Sur ces entrefaites un certain nombre de soldats de la légion légère du chevalier de Bellegarde, n'ayant pas eu le temps de se replier dans San-Michele, échappaient à la poursuite de la 19e demi-brigade, en franchissant la Corsaglia sur un petit aqueduc situé en amont, l'aqueduc de Goretti. Protégés par le feu des tirailleurs embusqués sur les escarpements de la rive droite, les Républicains suivent le même chemin que les Piémontais, et se précipitent dans la partie occidentale du village de San-Michele, à la suite des deux bataillons des grenadiers de Chiusan. Ceux-ci se réfugient dans les maisons autour desquelles s'engage une lutte confuse et acharnée. Le général Dichat s'y porte pour rétablir l'ordre; il est pris en arrivant, mais recouvre sa liberté en donnant quelques louis à un vieux sergent qui le gardait, exemple fort rare dans l'armée républicaine.

Le capitaine-lieutenant Schreiber, commandant une compagnie de grenadiers du régiment de

Christ, fait également prisonnier avec quelques-
uns des siens et mal gardé, exhorte en allemand
ses soldats à se saisir des armes des Républicains,
occupés à chercher des vivres dont ils avaient
grand besoin. Il parvient même à reprendre les
deux canons de la vieille paroisse et à les con-
duire à Mondovi, ce qui peut donner une idée de
la confusion qui a régné à San-Michele par suite
du pillage.

A deux heures après midi, les deux colonnes
de Guieu et Sérurier se sont rejointes dans San-
Michele évacué par les Piémontais. Pour assurer
le succès, il restait à en déboucher et à s'emparer
des hauteurs qui le commandent. Mais c'est en
vain que les officiers essaient de rallier leurs soldats, dispersés dans ce long village et occupés à
le piller. A ce moment Colli arrive. Il ranime ses
troupes, par son attitude énergique, ses ordres
clairs et précis. Une partie du régiment des gardes rejette les Français dans la Corsaglia et permet
aux grenadiers Dichat de se rallier et de revenir
sur San-Michele. Les grenadiers de Varax, ap-
puyent le bataillon du régiment de Savoie qui
rentre dans la partie supérieure du village et y
rejoint les grenadiers de Chiusan sortant des
maisons où ils s'étaient réfugiés. Un détachement
commandé par le sous-lieutenant du Chanay
charge même le long de la grande rue, atteint le
pont et le traverse ; mais arrivé sur la rive droite
il est presque enveloppé par les réserves fran-

çaises ; néanmoins les soldats parviennent à s'é-
chapper en se jetant dans le torrent qu'ils passent
à la nage en se tenant la main. Voyant cela, Sérurier, sans nouvelles d'Augereau, ordonne la
retraite. La 19e demi-brigade se rallie à l'ouest du
pont et bivouaque autour de Gandolfo.

Cet échec, assez grave, était dù principalement
à l'indiscipline des soldats. La zone où l'on opérait étant excessivement pauvre, toutes les subsistances devaient être tirées des magasins de la
côte. Elles ne parvenaient ni en quantité suffi-
sante, ni en temps utile, à cause de la longueur et
de la difficulté des chemins, des déplacements
subits et incessants des troupes. Le pillage était
donc le seul moyen de vivre.

Le 20 avril, le général Bonaparte se rend dans
la matinée sur les hauteurs de San-Paolo et dé-
jeune à Gandolfo, où était la 19e. Après un entre-
tien avec divers généraux, il modifie peu à peu
ses premières dispositions. La brigade Dommartin
ira renforcer Sérurier qui se portera à Torre. En
exécution de ces ordres le général Guieu, avec la
19e, appuyé par le feu de deux canons placés sur
le bric delle Rocchette, chasse dans l'après-midi
les troupes légères piémontaises de Torre, qu'il
occupe, ainsi que le pont en pierre intact sur la
Corsaglia. Sérurier y transporte son quartier général et appelle à lui la brigade Fiorella, étend
ses grand'gardes vers Molline et fait transporter

ses deux pièces au nord du château de Torre pour battre le poste ennemi de Bellana.

Cette opération éveille l'attention de Colli, et après un conseil de guerre, il décide la retraite qui s'effectue pendant la nuit. L'armée piémontaise se dirige sur Mondovi, position assez forte sur l'Ellero, dont les rives sont reliées par quatre ponts.

Entre Mondovi et le gros bourg de Vico, s'élève une butte nommée il Brichetto, sur laquelle existait une redoute, dont la défense fut confiée au général-brigadier Dichat.

Le 22 avril, l'attaque impétueuse des Républicains ne donne pas à Colli le temps de terminer ses dispositions de défense. Le général Sérurier débouche de Torre, à droite par le pont en bois de Sant-Antonio, qui est rétabli ; au centre par le pont de pierre, et à gauche par un gué en face de Molline. Les avant-postes piémontais, restés sur la rive gauche du torrent, chasseurs Colli et de Nice, légion légère, régiment d'Asti, se replient rapidement sur Vico, où ils sont ralliés et employés à prolonger les ailes de la ligne de Brichetto. La division Sérurier se range en bataille sur les hauteurs de la chapelle San-Stefano, puis se porte en avant en deux colonnes : à gauche le général Guieu avec la 19ᵉ demi-brigade, descend vers le sanctuaire de la Madone, pour gagner l'extrémité occidentale de Vico, tandis que la brigade Fiorella se dirige, en suivant la crête, vers la partie orientale, et soutenue par le feu de deux petites pièces. En entendant le canon sur leur flanc droit et même sur leurs derrières, les bataillons piémontais, qui étaient dans les prés en avant des maisons, déjà ébranlés par la retraite des avant-postes, se rejettent pêle-mêle dans le village. Fiorella y pénètre, mais il est bientôt arrêté au coude de la longue et unique rue, par le grand nombre des défenseurs, que favorise la disposition des lieux : tournants de la grande rue, intervalles et ruelles entre les maisons, jardins entourés de murailles. A 10 heures le général Dommartin rejoignait Fiorella. Craignant le renouvellement du désordre de l'avant-veille à San-Michele, Sérurier ne laisse dans Vico que la 84e sous Dommartin et avec la brigade Fiorella descend dans le vallon de l'Otteria, le franchit et occupe le hameau de Canei et le Pilon de Viril après un vif combat. Ce mouvement facilite Dommartin qui chemine lentement dans Vico. De son côté Guieu, avec la 19e, voyant les progrès de cette attaque, se précipite au pas de course dans les cours des bâtiments du Sanctuaire, puis s'empare des hameaux de Fiamenga et de San-Pietro. En vain les Piémontais cherchent à se rallier sous la protection de quelques pièces de canons, les corps désunis par ce combat acharné au milieu des maisons et des jardins, poursuivis vivement par Dommartin, menacés d'être enveloppés par Guieu et Fiorella, se sauvent en arrière de la redoute du Brichetto, devant laquelle les Républicains se déploient.

Un premier assaut conduit avec la plus grande valeur est arrêté par le tir à mitraille de six pièces et le feu bien dirigé des grenadiers aux ordres du général Dichat, soutenus par les contre-attaques d'un bataillon de Stettler, appelé de Mondovi, des chasseurs Colli et des fractions de grenadiers royaux, du régiment d'Oneglia et d'un bataillon autrichien, qui ont pu être ralliés après l'abandon de Vico. Rejetés au pied du Brichetto et sur le Pilon de Viril, les Français forment une ligne épaisse de tirailleurs, rangés en demi-cercle, qui criblent de balles les positions ennemies. « Le chevalier Dichat, qui commandait les défenseurs du Brichetto, dit Martinel (1), était un de ces officiers qui ne calculent jamais avec leur devoir, jouissant de la plus haute estime de ses chefs et de sa troupe. Il avait ordre de tenir ; c'est le seul point de toute la ligne où le désordre ne soit point encore parvenu. Longtemps il a commandé les feux de peloton très meurtriers qui, joints à ceux des chasseurs Colli, arrêtèrent la colonne française au Pilon de Viril, après qu'elle en eut débusqué l'ennemi. »

(1) *Martinel*, officier piémontais, passa plus tard au service de la France. Chef d'escadron d'état-major, il fut chargé par l'empereur Napoléon, en 1807, de refaire sur place la relation de la campagne de 1796. Cette relation manuscrite existe aux archives du Ministère de la guerre, à Paris.

La brigade Guieu, de son côté, refoule la légion légère piémontaise vers *li Gari* et, par Pasquero, Molina et Costa, déborde la droite des grenadiers de la Tour et de Chiusan, lesquels se replient en désordre, dégarnissant les flancs de la ligne de défense piémontaise.

A ce moment, vers quatre heures du soir, le général Bonaparte donne l'ordre de renouveler l'assaut.

La 19e demi-brigade s'élance à la baïonnette et emporte la redoute ; le chevalier Dichat tombe mortellement frappé d'une balle au front, et les grenadiers royaux, démoralisés par la mort de leur chef, sont rejetés vers Torassa et Carassone, abandonnant leurs pièces de canon, qui sont aussitôt employées à tirer sur Mondovi. Dès lors les troupes piémontaises s'enfuient en désordre, la ville de Mondovi capitule et le lieutenant-général Dellera, qui la commande, se rend prisonnier avec toute la garnison, comprenant le régiment des gardes, où servait l'élite de la noblesse du royaume.

Un officier supérieur du génie sarde, le lieutenant-colonel Alziari de Malaussena, apprécie comme suit la prise du Brichetto, à laquelle il assistait :

« Ce singulier enlèvement du Briquet termina la bataille, où l'on compromit le sort du Piémont d'une manière d'autant plus pitoyable que, soit à préparer l'action que pendant sa durée, on ne fit rien à l'importance de l'objet qu'elle décidait. Proprement les éclaireurs français chassèrent une armée désordonnée, qui se battait encore par instinct. Les Piémontais éprouvèrent dans cette funeste journée les funestes effets de la mauvaise organisation et du mauvais commandement qu'ils eurent pendant toute la guerre... *« Aucun officier général ne fut à sa place que le brave Dichat, qui termina glorieusement sa carrière sur le Briquet. »*

La mort de Dichat excita les regrets des Français aussi bien que des Piémontais. C'est le plus bel éloge que l'on puisse faire de ce brave officier, dont la perte augmenta considérablement le désarroi de l'armée sarde, désormais incapable de continuer la lutte. Aussi la bataille de Mondovi termina la campagne. L'armistice signé à Cherasco le 28 avril mit fin à la guerre, qui durait depuis le 22 septembre 1792, entre la République française et le roi de Sardaigne. Débarrassé de l'armée piémontaise, en quinze jours, le général Bonaparte put continuer ses glorieux exploits contre l'armée autrichienne qu'il allait anéantir dans les immortelles campagnes de 1796-1797.

L'historique de la 69ᵉ demi-brigade d'infanterie de ligne, ancienne 19ᵉ de bataille, fera connaître la part glorieuse prise par ce corps dans l'épopée militaire, où le génie de Bonaparte se révéla d'une manière éclatante et conduisit l'armée républi-

caine aux portes de Vienne, après avoir mis en
déroute ou détruit cinq armées, chacune plus
forte que la sienne, savoir : l'armée sarde à Mondovi, et quatre armées autrichiennes : celle de
Beaulieu à Cairo, Montenotte, Millesimo, Dégo et
au pont de Lodi ; celle de Würmser à Castiglione,
Roveredo et Bassano ; celle d'Alvinzi à Arcole,
Rivoli et sous Mantoue ; et enfin celle du prince
Charles qu'il poursuivit sur la route de Vienne,
jusqu'à Léoben. Ce qui força l'Autriche à solliciter
la paix.

C. Duval.

APPENDICE

Historique de la 69ᵉ demi-brigade d'infanterie de ligne, ancienne 19ᵉ de bataille, rédigé par le chef de brigade Barthémy, sur l'ordre du général en chef Bonaparte, après les campagnes de 1796-1797 (1).

La 69ᵉ, d'abord 19ᵉ de bataille, entra en campagne le 14 avril 1796. Elle quitta la vallée du Tanaro, où elle avait supporté toutes sortes de privations, et marcha sur Ceva. Elle enleva, chemin faisant, les postes qui se trouvèrent sur son passage, et emporta les hauteurs de Batifolo, où elle s'établit. Un détachement de la division Sérurier, dont elle faisait partie, entra dans la ville pendant que la brigade commandée par le général Rusca occupait les mamelons qui dominent le fort.

Maîtresse de Ceva, la division se porta sur les hauteurs de Saint-Michel. Des ouvrages et une rivière en rendaient l'accès difficile. La 19ᵉ attaqua néanmoins. Elle prit et enleva à la baïonnette la redoute qui était le boulevard de Mondovi, et la place demanda aussitôt à capituler. Le capitaine Raymond qui commandait les éclaireurs restait sur le champ de bataille. Les capitaines Paly et Geoffroy, le lieutenant Tardieu furent blessés dans cette affaire, qui coûta à la demi-brigade 72 morts et 50 prisonniers, parmi lesquels se trouvaient le chef de bataillon Jeanneau et 16 officiers.

(1) Archives du Ministère de la guerre. La 19ᵉ devint la 69ᵉ par le tirage au sort qui eut lieu à Soncino le 29 mai 1796, c'est-à-dire après l'armistice de Cherasco.

Un armistice ayant été conclu entre les troupes sardes et l'armée française, la 69ᵉ se mit en marche le 30 avril, et arriva le 9 mai à Plaisance. Elle franchit le Pô le 10, gagna Codogno, revint à Plaisance, repassa le fleuve, et se mit à la poursuite de l'armée autrichienne.

Ralliée par ses grenadiers, qui faisaient partie de l'avant-garde depuis le 10 mai, elle passa le Mincio le 1ᵉʳ juin. Elle gagna Marmirolo le même jour, poussa, le 3, une reconnaissance sous les murs de Mantoue, et s'établit le 16 devant cette place. Elle prit part aux travaux de tranchée à la Favorite, à Saint-Georges, à Pietolo, et subit toute l'influence des exhalaisons du lac.

Le siège ayant été brusquement levé dans la nuit du 31 juillet au 1ᵉʳ août, les deux premiers bataillons, commandés par le général Pelletier, se replièrent sur Goïto, firent une courte halte, et arrivèrent le soir même à Castiglione. Ils s'arrêtèrent à peine dans cette ville. Ils reprirent leur mouvement dès que la nuit fut close, et gagnèrent Montechiaro où ils furent rendus à la pointe du jour. C'est là que le général en chef vint passer la revue des troupes, c'est là qu'il s'assura par lui-même de la répugnance qu'elles avaient pour la retraite, et du désir de combattre qui les animait. Ces heureuses dispositions sont mises à profit ; les ordres courent, l'armée oublie ses fatigues, et, le 16, avec le jour, elle se déploie dans la vaste plaine de Castiglione (1).

Les tirailleurs s'engagent presque aussitôt, les co-

(1) Voir au sujet de la bataille de Castiglione les Mémoires de Masséna, tome II, pages 139 et 458. Cette bataille fut livrée contre l'avis de Bonaparte, par Augereau et les troupes républicaines refusant de battre en retraite devant l'armée de Würmser.

lonnes se développent, se forment, s'ébranlent au pas de charge. La division du général Augereau tient la droite, la brigade commandée par le général... est à la gauche. Le feu s'ouvre : l'ennemi est battu sur tous les points, et obligé d'évacuer la ville. Il se replie sur les hauteurs, résiste vivement toute la soirée, et se retire en désordre pendant la nuit.

La 69e fut dans cette journée ce qu'elle avait été à Mondovi. Ses pertes cependant furent moins considérables. Elle eut 5 hommes tués et 21 blessés. Les capitaines Andréan et Giraud, les lieutenants Lavergne et Dalidon furent atteints de plusieurs coups de feu. Le premier mourut des suites de sa blessure.

Le 17, la demi-brigade descendit à Castiglione où elle fut ralliée par son 3e bataillon, et suivit le lendemain le mouvement de l'armée. Elle se porta sur Borghetto, Peschiera, Vérone, revint devant Mantoue, resta quelques jours à Marmirolo, passa de là à Borgoforte, à Saint-Martin, à Mercarin, d'où elle alla s'établir à Saint-Georges, à Bancoli, à Prada. Cruellement décimée par les maladies, elle ne put mettre en ligne que 400 hommes à l'affaire du 15 septembre. Mais ce détachement si faible n'en rendit pas moins un service signalé. Il rallia les troupes qui commençaient à fuir, il leur rendit courage, et la colonne tombant de tout son poids sur les Autrichiens les refoula dans la place. Le détachement eut 5 blessés et 2 morts.

Une colonne de 3,000 hommes sort de Mantoue le 1er octobre et va fourrager autour de Prada. Le 3e bataillon est rejeté dans le château ; attaqué à vigueur, il se défend avec énergie, et cependant court risque d'être enlevé, lorsque le chef Jeanneau vient à son aide avec le 2e bataillon. Il attaque, charge les Impériaux à la baïonnette, leur fait 120 prisonniers et les refoule dans la citadelle. Il eut 2 morts et 3 blessés. Le 28, un parti autrichien débarque dans la nuit entre Saint-Georges et Valdaro. L'obscurité et la crue des eaux le protègent. Il se présente devant les retranchements qui couvrent la porte de gauche et essaie de les escalader. La garde ne compte que 30 hommes, mais elle fait bonne contenance, arrête et contient les assaillants avec ses baïonnettes, et laisse à la garnison le temps de prendre les armes. L'ennemi juge, à la vigueur de la résistance, que son entreprise est manquée, et s'éloigne. Une compagnie de grenadiers se met à sa poursuite ; elle le charge sur le rivage et lui fait 122 prisonniers. Le capitaine de grenadiers Crouet, le sous-lieutenant Miliet et un caporal sont tués. Les Autrichiens ont 10 morts et 20 blessés.

Les Impériaux reparaissaient avec une armée formidable. Les premiers bataillons du corps de blocus se réunissent le 10 novembre et forment un corps de réserve qui s'établit à Roverbella. Celui de la 69° prend part à l'affaire de Ronco et y perd 3 hommes.

Les deux armées ne tardent pas à être aux prises. La garnison de Mantoue se met en devoir de soutenir les troupes qui cherchent à la dégager. Elle fait, le 23, une sortie des plus vives. Elle attaque les postes de la Favorite, ceux de Saint-Antoine, et les rejette sur Branconi. Elle se déploie alors autour du faubourg Saint-Georges, et le canonne sans oser cependant lui donner l'assaut. Le temps s'écoule, la nuit approche ; les troupes si vivement repliées sur la Favorite et sur Saint-Antoine sont renforcées par un bataillon arrivé le jour même. Elles reprennent l'attaque et la garnison de Saint-Geoges fait une sortie. L'ennemi, battu, est poussé en désordre jusque sous les glacis de la citadelle.

Le 14 janvier 1797, sur la nouvelle que l'ennemi a passé l'Adige, la demi-brigade porte des détachements à Castillar et à Due-Castelli. Le 15, des hussards ennemis, couverts de manteaux blancs, se présentent sur la route de Castillar. Deux grenadiers de la 69e, occupés à faire du bois, les prennent d'abord pour des dragons français; mais revenus bientôt de leur erreur, ils s'échappent, se jettent dans les fossés, et n'évitent les coups de sabre qu'en passant sous le ventre des chevaux. Témoin de cette agression, le poste prend les armes et la générale se fait entendre. Mais une colonne considérable d'infanterie et de cavalerie débouche en même temps qu'un officier vient sommer la place d'ouvrir ses portes. Miollis repousse une proposition semblable. Provera ouvre l'attaque et inonde Saint-Georges de projectiles. Mantoue tonne à son tour et la garnison se trouve entre deux feux. Les soldats de la 69e restent immobiles sur les remparts, mais deux compagnies détachées sur la droite de Formiglia sont vivement ramenées sur Valdero. Elles se groupent, se réunissent, s'avancent au pas de charge à travers les colonnes ennemies, et entrent dans Saint-Georges avec leur pièce qu'elles ont sauvée. La canonnade continue, mais la nuit survient et le feu cesse.

Le lendemain, il recommença deux heures avant le jour. D'un côté, une partie de la division Masséna et la 57e étaient aux prises avec le corps de Provera; de l'autre, toute la ligne du blocus, depuis Prada jusqu'à Saint-Georges, était aux mains avec les troupes sorties de Mantoue. Six compagnies du 2e bataillon, placées à la Favorite, en vinrent plusieurs fois à la baïonnette. Le jour parut enfin; Miollis fit sortir une colonne par la porte de la glacière et tenta une autre sortie par celle qui conduit à Formiglia. Provera, cerné et attaqué par ceux même qu'il assiégeait, perdit courage et capitula. Les deux journées coûtèrent à la demi-brigade 10 morts et 30 blessés.

Enfin Mantoue ouvrit ses portes le 1er février 1797. La demi-brigade prit le service de la place, qu'elle fit jusqu'au 28. Elle se mit alors en marche, gagna Vicence, passa la Piave et suivit tous les mouvements de l'armée sans pouvoir prendre part à aucune affaire. Les 1re et 3e compagnies de grenadiers, cependant, joignirent, le 7 avril, un rassemblement de 7 à 8,000 paysans devant Lientz. Elles dégagèrent 50 Français prisonniers, mais furent vivement ramenées. Elles laissèrent sur le champ de bataille les capitaines Geoffroi et Baillot, 11 soldats, et eurent 15 blessés.

Tel est le précis des travaux de la 69e demi-brigade ; elle ne cessa de se montrer jalouse du bon ordre et de la discipline, et elle mit toujours la subordination au nombre de ses premiers devoirs. Entrée en campagne avec 3,400 hommes présents sous les armes, elle n'en comptait plus que 1,800 lorsque les hostilités cessèrent.

Le chef de brigade,

Signé : BARTHÉMY (1).

(1) La 69e, toujours commandée par Barthémy, fit partie de l'armée d'Egypte. Barthémy fut tué au combat de Kaquon, et remplacé au commandement de la 69e par l'intrépide Dupas, d'Evian.

Etat de la Compagnie de Saint-Julien, 4me du 2e bataillon des Volontaires nationaux du Mont-Blanc (district de Carouge).

Milliet Louis-Antoine, capitaine (1).
Rose Jean-Nicolas, lieutenant.
Pissard François-Louis, sous-lieutenant.
Boimond Jean-Claude, sergent-major.

Première section.

Laval, sergent.	Compagnon Louis.
Duval François - Gaspard, caporal.	Julien.
	Duval Joseph.
Pelaz.	Levrat.
Baussand.	Chevillard.
Laurent.	Bauchy.
Gaillard.	Vachet.
Chatel.	Vuétaz.
Dupraz Claude.	Bouté.
Matraz.	Varchère.
Cuzin.	Fontanel.
Carel.	Noveiry.
Franquet, neveu.	Regard, tambour.
Vionnet.	

(1) Milliet Louis-Antoine, né à Saint-Julien le 21 octobre 1766. Notaire au moment de la réunion de la Savoie à la France, nommé maire de Saint-Julien. Elu capitaine le 1" mai 1793, rentra dans ses foyers après le siège de Toulon, auquel il avait assisté. Remis en activité le 14 ventôse an II, comme quartier-maître lieutenant à la 19e brigade, fut définitivement congédié pour infirmités le 21 germinal an IV. Elu commandant du bataillon de la garde nationale du canton de Viry pour l'an V. Après le coup d'Etat de brumaire, fut nommé maire de Saint-Julien le 25 fructidor an VIII et remplit ses fonctions jusqu'à sa mort le 7 germinal an IX.

Pissard François-Louis, né le 16 mai 1770, sous-lieutenant au 2" bataillon, fut blessé au siège de Toulon, passa avec son grade à la 19e demi-brigade, 8e compagnie du 1" batail-

Deuxième section.

Marthod, sergent,	Berger.
Bertin, caporal.	Couturier.
Curtet.	Alliod.
Falconnet.	Laverrière.
Dunand.	Buloz.
Duparc.	Gay.
Fontaine Jacques.	Gouvard.
Bozet.	Galette.
Lugat.	Ducruet.
Barbier.	Cagnon.
Delécraz Marin.	Ensermoz.
Bordon.	Déconfin Joseph.
Dumaret.	Teissier, tambour.

---

lon, fut renvoyé dans ses foyers le 17 frimaire an III, atteint d'hémophtisie par suite des fatigues de la campagne.

Pissard fut élu plusieurs fois adjudant du bataillon de la garde nationale du canton de Viry. Il mourut à Saint-Julien le 28 septembre 1834. Une de ses filles existe à Saint-Julien en 1897.

Boimond Jean-Claude, né à Saint-Julien le 9 juin 1770. Elu sergent-major au 2ᵉ bataillon, fut, sur la recommandation du général Pacthod, nommé adjoint de 2ᵉ classe du génie militaire le 1ᵉʳ vendémiaire an III, employé en Tarentaise jusqu'au 15 thermidor an VI, nommé chef du génie à Carouge et à Annecy, jusqu'au 24 vendémiaire an VII, passé à Genève et retraité le 1ᵉʳ nivôse an X. Conseiller municipal de Saint-Julien de 1806 à 1814, maire en 1814-1815. Syndic de Saint-Julien de 1816 à 1823, puis de 1827 à 1829. Décédé le 31 octobre 1832 Un de ses fils exerce les fonctions de notaire à Saint-Julien en 1897.

Duval François-Gaspard, né à Saint-Julien le 30 septembre 1773. Caporal au 2ᵉ bataillon, promu sergent au siège de Toulon, passé à la 19ᵉ demi-brigade. Détaché ensuite auprès du commissaire des guerres Roussillon. Fit les campagnes du Midi et d'Italie de 1793 à 1800 ; fit partie de l'armée de Masséna assiégée dans Gênes en 1800. Licencié en messidor an IX, fit partie du Conseil municipal de Saint-Julien du 30 mai 1834 à sa mort, le 1ᵉʳ octobre 1841.

Troisième section.

Crochet, caporal.	Ducret.
Servettaz.	Tagand.
Chaumontel Etienne.	Compagnon Ami.
Pichollet.	Fombonet.
Miche.	Métral Pierre.
Nicoud.	Noveiry Joseph.
Guilland.	Carillat.
Beurnaz.	Jagnoud.
Girod.	Chaumontel Antoine.
Furet.	Lançon.
Franquet, oncle.	Déconfin François.
Besson Jean-Baptiste.	Lapérouse.

Quatrième section.

Prevet, caporal.	Delétraz.
Veyrat.	Chamoux.
Martin.	Besson Jean-Marie.
Sautier.	Duret Antoine.
Dupraz Jean.	Larue.
Pernoud.	Maître.
Fontaine Philibert.	Arnod.
Favre.	Denariaz.
Bonnet.	Sapin.
Fromaget.	Duret Philibert.
Pougny.	Veyrat Pierre.
Gaimard.	Chatagnat.
Léger.	Effectif : 105 (cent cinq).

Je soussigné, capitaine de la Compagnie des Volontaires cy-dessus, demande le payement, dès le 20 au 25 avril inclus, arrivant pour les dits cinq jours, à...... 393 fr. 15.

MILLIET.

Vu conforme, Anneci, 23 avril, l'an 2ᵉ de la République française.

FAVRE, *Maire.*

Le Directoire du district d'Annecy, ouï le Procureur-syndic, authorise le receveur de ce district à compter audit citoyen Milliet, en sa qualité, la somme de trois cent nonante-trois francs quinze sols, pour solde du prêt de sa compagnie, de cinq jours, dez le 20 jusqu'au 25 du courant inclus, à prendre des fonds publics.

Au moyen du présent quittancié, cette somme sera allouée audit receveur dans ses comptes.

A Annecy le 23 avril 1793, an 2ᵉ de la République française.

COLLOMB, président. LATHUILE, CARRON,
MILLIET, capitaine; DONAT, secrétaire.

(Extrait des comptes de Defresne, receveur du district d'Annecy.)

PIÈCES TIRÉES DES ARCHIVES DU MINISTÈRE DE LA GUERRE.

LIBERTÉ   ÉGALITÉ

Les sous-officiers et volontaires de la 4ᵉ compagnie du 1ᵉʳ bataillon aux membres composant le Conseil d'administration de la 19ᵉ demi-brigade.

Citoyens,

En vertu de la loy du 1ᵉʳ thermidor, la place de capitaine de la 4ᵉ compagnie du 1ᵉʳ bataillon étoit au choix. L'erreur nous ayant privé de nous choisir un capitaine, nous soumettons à la délibération et à la justice du Conseil un droit que nous réclamons.

Nous osons espérer que notre demende *(sic)* étant juste il daignera y avoir égard.

Au camp de Carline le 29 floréal an 3ᵉ républicain.

Signé : *Lemot, Michel Perrotons, Destral,* fourrier, *Brunel, Descours,* sergent, *Istier, Picot, Lecuyer, Aillaud,* caporal, *Crochet,* caporal (1).

---

(1) De la compagnie de Saint-Julien.

Au camp de Carline le 12 prairial an 3ᵉ républicain.

Les sous-officiers et volontaires de la 4ᵉ compagnie du 1ᵉʳ bataillon de la 19ᵉ demi-brigade au citoyen *Pille*, commissaire du mouvement de l'organisation des armées de terre.

Citoyen Commissaire,

Nous t'envoyons notre mémoire qui justifie notre demende, notre réclamation au Conseil d'administration et sa réponse. Daigne nous faire rendre justice la plus prompte d'après tes principes d'équité. Nous sommes persuadés que nous l'optiendrons *(sic)* dans toute son intégrité. Notre reconnaissance égalera les vœux que nous faisons pour la prospérité d'un républicain tel que toi.

Salut et fraternité.

Game, Le Mot, Perroton, fusilier, *Brunel, Destral,* fourrier, *Descours,* sergent, *Istier, Picot, Lécuyer, Aillaud,* caporal, *Crochet,* caporal.

---

16 messidor an 3ᵉ.

Mémoire pour établir la réclamation que la 4ᵉ compagnie du 1ᵉʳ bataillon de la 19ᵉ demi-brigade a faite au Conseil d'administration.

Du 15 au 20 thermidor la loi du 1ᵉʳ a été connue et reçue officiellement. Sur la fin de ce même mois la demi-brigade apprit la mort du citoyen Surges, capitaine dans la 5ᵉ compagnie du 1ᵉʳ bataillon. Il fut procédé à son remplacement, suivant les principes de la loi susnommée, par la promotion du citoyen Dargos, le plus ancien lieutenant de service. Quelques jours après la demi-brigade reçut une explication de la Commission militaire, en conséquence de laquelle le citoyen Dargos rentra dans la classe des lieutenants et Chartier fut nommé capitaine au choix.

Sur la fin de vendémiaire on appris *(sic)* la mort du citoyen Arnoux, capitaine à la 4ᵉ compagnie, toujours du 1ᵉʳ bataillon, et, en partant des mêmes principes, la place se trouvait au choix de la Convention, qui y a nommé le citoyen Mortemard.

Sur la fin de nivose, la place de capitaine de grenadiers vint à vaquer par la promotion du citoyen Joseph, chef d bataillon, au grade de chef de brigade, et celle du citoyen Roy, capitaine de grenadiers à celui de chef de bataillon.

Par une suite des principes cy-devant, la place devait revenir à Dangos, toujours plus ancien lieutenant ; mais l'on avait reçu à cette époque un arrêté du Comité de Salut public, portant que la loi du 1ᵉʳ thermidor aurait son plein et entier effet et que tout ce qui aurait été fait au contraire serait regardé comme nul et non avenu.

Le Conseil d'administration, pour tout concilier, crut pouvoir, par une délibération qu'il fît, conserver la place à Chertier, en le condamnant à restituer à Dargos les appointements de capitaine, qu'il avait perçu à son préjudice, dès l'époque ou celui-cy aurait déjà dû l'être et donna au même Dargos la place de capitaine des grenadiers, se réservant cependant d'avoir égard aux réclamations qui pourraient être faites.

Le Conseil d'administration a fait de son chef une innovation à la loi, en conservant un capitaine, que cette même loi faisait rentrer dans la classe des lieutenants, et en privant la 4ᵉ compagnie du droit de nommer son capitaine au choix. Cette compagnie ne put réclamer plutôt ce droit, n'étant pas instruite. Mais elle espère que ce retard ne lui sera pas préjudiciable et que la commission ordonnera que la loi du 1ᵉʳ thermidor ait son plein et entier effet, et qu'en conséquence la place de la 5ᵉ compagnie du 1ᵉʳ bataillon, première vacante dès la connaissance officielle de cette même loi, sera donnée à l'ancienneté à Dargos ; celle de la 4ᵉ compagnie, 2ᵉ vacante, sera au choix, et celle des grenadiers, 3ᵉ vacante, sera au choix de la Convention ; cela ne peut porter aucun préjudice au citoyen Mortemard, qui aura la place de capitaine des grenadiers.

Fait au camp de Carline le 1ᵉʳ prairial an 3ᵉ de la République,

Lemot, tambour, *Destral*, fourrier, *Brunel*, *Descours*, sergents, *Istier*, *Picot*, *Aillaud*, *Lécuyer* et *Crochet*, caporaux.

Le Conseil d'administration de la 19ᵉ demi-brigade aux citoyens sous-officiers et volontaires de la 4ᵉ compagnie du 1ᵉʳ bataillon.

Le Conseil d'administration vous prévient, citoyens, qu'il a déjà envoyé à la 9ᵉ commission sa délibération au sujet du remplacement que vous réclamez ; mais que n'en ayant pas eu de réponse, il va lui récrire et lui envoyer votre réclamation. L'on vous fera part de la réponse.

Les membres composant le Conseil d'administration. Le chef de brigade *Joseph*, *Bricard*, chef de bataillon, *Arpin*, capitaine, *Brulefer*, sous-lieutenant.

La Commission (etc.) au Conseil d'administration du 1ᵉʳ bataillon de la 19ᵉ demi-brigade d'infanterie.

La Commission vient de recevoir un mémoire en réclamation de la part des sous-officiers et volontaires de la 4ᵉ compagnie du 1ᵉʳ bataillon de la 19ᵉ demi-brigade d'infanterie, contre plusieurs nominations faites depuis la promulgation de la loi du 1ᵉʳ thermidor dernier, et contradictoirement à cette loi et à un arrêté du Comité de Salut public du 11 fructidor suivant d'où il résulte que cette compagnie a été frustrée du droit qui lui était dévolu d'après cette loi, d'élire à une compagnie vacante au choix ; elle vous prévient que si les faits sont tels que l'annoncent ces sous-officiers et volontaires, leur réclamation est fondée, en conséquence, que les nominations, contre lesquelles ils réclament, doivent être annulées pour être faites de nouveau conformément au mode prescrit par la loi du 1" thermidor dernier et à l'arrêté du Comité de Salut public du 11 fructidor suivant. Vous voudrez bien l'informer de l'exécution de cette loi.

7. — 16 messidor an 3ᵉ, signé *Garnier*.

LIBERTÉÉGALITÉ

19ᵉ DEMI-BRIGADE

Etat d'un emploi de lieutenant, revenant à la nomination du Corps législatif.

ANCIENNETÉ	ÉLECTION	A LA NOMINATION DU CORPS LEGISLATIF	OBSERVATIONS
Le citoyen Bassac, sous-lieutenant, a remplacé le 14 germinal le citoyen Rose déserté le 4 brumaire l'an 3ᵉ (1).	Le citoyen Brûle-fer, sous-lieutenant, a remplacé le 11 messidor le citoyen Milliet, ancien quartier-maître repassé à ce grade le 14 germinal.	Le citoyen Mougrard, lieutenant de la 1ʳᵉ compagnie du 1ᵉʳ bataillon, congédié avec pension.	

Fait à la Madone de Viozena le 30 vendémiaire l'an 4ᵉ de la République.

Signés : *Marc Mortemard*, chef de bataillon ; *Roy*, commandant la 19 1/2 brigade.

LIBERTÉ — EGALITÉARMÉE D'ITALIE

Viozena ce 3 brumaire an 4ᵉ.

Les citoyens Roy, chef de bataillon commandant la 19ᵉ demi-brigade et Mortemard, chef du 1ᵉʳ bataillon à la Commission de l'organisation et du mouvement des armées de terre.

Nous vous renvoyons ci-joint, citoyen, six états d'emplois vacants revenant à la nomination du Corps législatif. —

---

(1) Le lieutenant Rose n'a pas déserté à l'ennemi. Ne pouvant supporter plus longtemps les misères, les privations et les souffrances d'un hiver rigoureux, il avait, comme beaucoup d'autres, abandonné l'armée pour rentrer chez lui.

Dont un de capitaine pour lequel nous proposons le citoyen Reynaud, lieutenant ; — Trois de lieutenants pour lesquels nous proposons les citoyens Le Roy, Chenevier et Louelle, sous-lieutenants ; — Deux de sous-lieutenants pour lesquels nous proposons les citoyens Benard et Bridelance, sergents.

Ces citoyens sont dignes d'être promus à ces nouveaux grades, par leur valeur et bonne conduite, et nous vous observons que les citoyens Benard et Bridelance, sergents proposés aux grades de sous-lieutenants, l'auraient déjà été par leur ancienneté de grade, s'ils eussent sû écrire ; mais quoique privés de ce talent ils n'en méritent pas moins tous les égards possibles, tant par leur zèle et intelligence dans l'instruction *(militaire ?)* qu'au combat. L'ancienneté de service et de grade est aussi en leur faveur.

Nous vous prions de vouloir bien appuyer nos propositions auprès du Corps législatif, dont le but fut toujours de récompenser le vrai mérite.

Nous vous prions de vouloir bien aussi vous ressouvenir des propositions que nous vous avons faites au mois de messidor dernier pour le remplacement de deux lieutenants et de deux sous-lieutenants, étant indispensable au bien du service que tous les emplois soient toujours remplis.

Signé : *Roy*, chef de bataillon commandant la 19ᵉ demi-brigade ; *Marc Mortemard*, chef de bataillon.

On lit en marge : « faire attention que les deux sous-officiers ne savent ny lire ny écrire. »

Imprimerie Vve Mónard, hôtel d'Allinges
Chambéry.

136

DU MÊME AUTEUR

Un Curé de Collonges-sous-Saléve, il y a cent ans. Notes anecdotiques sur l'état de la Savoie au siècle dernier. — 1874.

Ternier et Saint-Julien. Essai historique sur les anciens bailliages de Ternier et Gaillard et le district révolutionnaire de Carouge, avec documents inédits. Ouvrage couronné par la Société Florimontane. Un volume grand in-8° de 450 pages. — 1879.

Les Terres de Saint-Victor dans l'ancien bailliage de Ternier. — 1880.

Procés de sorciers a Viry, de 1534 a 1548. — (*Bulletin de l'Institut Genecois.*) — 1881.

La Famille Paget. Notice généalogique et biographique. — (*Revue Savoisienne*). — 1881.

L'Administration municipale de la commune et du canton de Viry (département du Mont-Blanc), de l'an I à l'an VII de la République française (1793-1799). — 1883.

L'Administration de la commune de Saint-Julien pendant la Révolution. — 1886.

Notice sur l'invasion du Faucigny par l'armée sarde en 1793. — 1891.

Le capitaine de Viry. — 1891.

L'Invasion de la Savoie par l'armée sarde en 1793. — Mémoires et Documents. — 1892.

Un Aventurier napolitain en 1870 (Franzini commandant des Mobilisés de la Haute-Savoie). — 1893.

www.ingramcontent.com/pod-product-compliance
Lightning Source LLC
LaVergne TN
LVHW012101030726
842523LV00002B/644